Hermanos por siempre, La Magia de resolver conflictos.

Copyright: Hermanos por siempre, La Magia de resolver conflictos.

Todos los derechos reservados. Este libro incluyendo todas sus partes, no puede ser reproducido, distribuido, transmitido, exhibido, publicado o utilizado de ninguna manera sin el permiso previo por escrito de la autora: chelaqb@gmail.com

Autora: Maricela Quirós Barquero

Primera Edición 2024

En lo profundo de un bosque encantado, había un árbol mágico que lo veía todo. Sus ramas algunas veces se extendían hacia el cielo y otras se encogían de tamaño, sus hojas brillaban con un suave resplandor dorado. Este árbol, conocido por los habitantes del bosque como el Árbol Sabio, observaba con atención todo lo que sucedía a su alrededor.

Un día, el Árbol Sabio notó algo que le preocupó. A lo lejos, más allá del bosque, en una linda casa, vivían dos hermanos, Valentina y Nicolás. Aunque solían jugar juntos alegremente, últimamente las cosas habían cambiado.

Valentina había empezado a perder la paciencia con su hermano. Cada vez que Nicolás hacía algo que no le gustaba, Valentina lo insultaba, llamándolo "asqueroso" y "necio".

Un día, mientras jugaban en el jardín, Nicolás accidentalmente tropezó con uno de los juguetes de Valentina y lo rompió.

Enfurecida, Valentina gritó: "¡Eres feo! ¡Siempre lo arruinas todo, necio!" Nicolás, con lágrimas en los ojos, corrió hacia la casa y se escondió en su habitación.

Esa noche, Valentina se fue a la cama sintiéndose con muchas emociones, enojada, culpable, pero pronto cayó en un profundo sueño.

En su sueño, se encontraba en un gran bosque muy hermoso, pero se sentía triste de no estar con su hermanito.

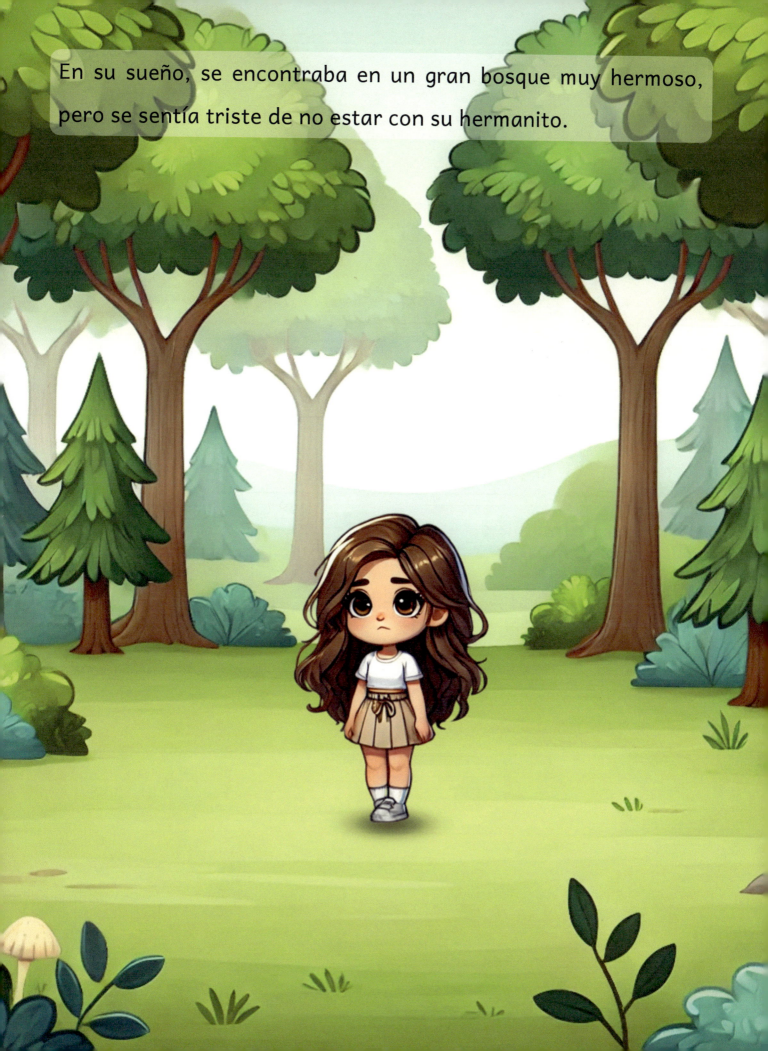

Valentina buscaba a Nicolás, llamándolo desesperadamente, pero él no respondía. Finalmente, lo encontró sentado junto a un grupo de animales del bosque, riendo y jugando felizmente.

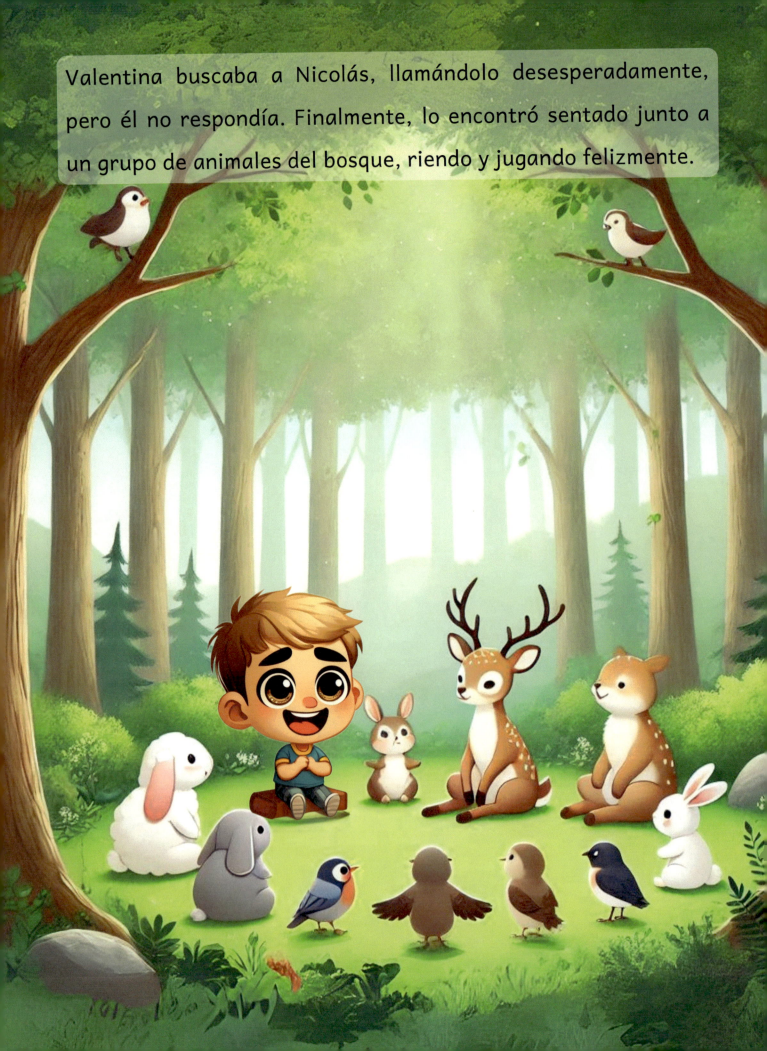

Valentina se sintió sola y triste. Miró a su alrededor y vio cómo los animales del bosque abrazaban a Nicolás y jugaban con él. Ella deseaba poder estar junto a su hermano, pero se daba cuenta de que sus palabras habían creado una barrera entre ellos.

Desesperada, Valentina comenzó a caminar por el bosque, buscando una solución. Pronto llegó a un gran árbol mágico, cuyas hojas brillaban con una luz dorada. Al ver al árbol, Valentina sintió una esperanza renovada y se acercó.

"Árbol Mágico, necesito tu ayuda. He sido muy cruel con mi hermanito y ahora él no quiere volver conmigo. ¿Qué puedo hacer para arreglarlo?" preguntó Valentina con lágrimas en los ojos.

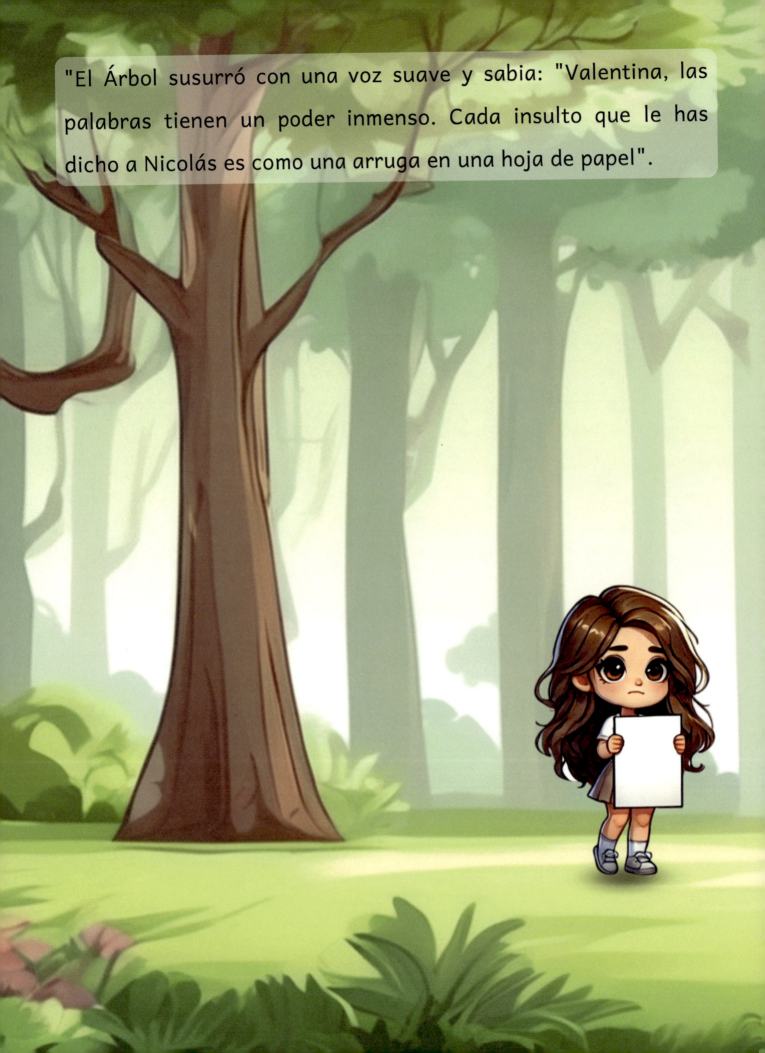

"El Árbol susurró con una voz suave y sabia: "Valentina, las palabras tienen un poder inmenso. Cada insulto que le has dicho a Nicolás es como una arruga en una hoja de papel".

El Árbol le dio a Valentina una hoja blanca y le pidió que la arrugara cada vez que recordara un insulto que le había dicho a Nicolás. Valentina al principio dudó, pero comenzó a recordar: "¡feo! ¡necio!" Con cada recuerdo, arrugaba más y más la hoja de papel, hasta que quedó hecha una bola.

"Ahora, intenta arreglar la hoja y dejarla como estaba antes," dijo el Árbol.

Valentina intentó estirar la hoja, pero por más que lo hizo, la hoja seguía arrugada y dañada. El Árbol susurró: "Ves Valentina, esto es lo que sucede cuando insultas a alguien. Las palabras feas dejan marcas y arrugas en su corazón, y aunque pidas perdón, no desaparecen completamente"

Con lágrimas en los ojos, Valentina entendió la lección. "Árbol Mágico, ¿cómo puedo arreglar lo que hice a Nicolás?"

El Árbol respondió: "Empieza por anotar: disculparte sinceramente, luego, muestra con tus acciones que te importa. A veces, un abrazo y palabras amables pueden sanar las heridas más profundas, aunque las arrugas no desaparezcan por completo.

También, aprende a expresar tu enojo de una manera que no hiera. Además, debes aprender a decirle a Nicolás que necesitas tiempo y espacio para calmarte."

Valentina asintió y preguntó: "¿Cómo puedo decirle a Nicolás que necesito tiempo y espacio sin lastimarlo?"

El Árbol sonrió y dijo: "Cuando sientas que te estás enojando, respira profundamente y di: Nicolás, me siento muy frustrada en este momento y necesito un poco de tiempo para calmarme. Por favor, dame un espacio para que pueda respirar y estar tranquila" Practica esto con amor y paciencia, y Nicolás aprenderá.

Valentina despertó de su sueño sintiéndose diferente. Se dirigió a la habitación de Nicolás y con el corazón lleno de arrepentimiento, se acercó a su hermano y le dijo: "Nicolás, lo siento mucho por haberte llamado "feo" y "necio" No quería hacerte daño. Prometo ser más amable contigo y expresar mi enojo sin insultarte. Y cuando me sienta frustrada, te pediré un tiempo y espacio para calmarme."

Nicolás comprendió mejor cómo se sentía Valentina y empezó a ser más cuidadoso. Juntos, descubrieron que podían resolver sus problemas sin herirse y respetando el espacio y las emociones del otro.

"Colorín colorado, este cuento ha terminado, pero ahora es tu turno de pensar y ayudar a Valentina y a Nicolás a reflexionar."

Ayuda a Valentina a pensar

1. ¿Cómo te sentiste cuando viste a Nicolás llorando?

2. ¿Qué pasó con la hoja de papel cuando la arrugaste?

3. ¿Cómo crees que se siente Nicolás cuando lo insultas?

4. ¿Qué podrías hacer diferente la próxima vez que te sientas frustrada?

5. ¿Qué nuevas formas aprendiste para expresar tu enojo sin insultar?

6. ¿Cómo puedes pedir tiempo y espacio de una manera amable cuando te sientas enojada?

Ayuda a Nicolás a pensar

1. ¿Cómo te sientes cuando Valentina te insulta?

2. ¿Qué podrías decirle a Valentina para ayudarle a entender cómo te sientes?

3. ¿Cómo te gustaría que te tratara Valentina cuando cometes un error?

4. ¿Qué palabras amables podrías usar con Valentina para mostrarle tu amor?

5. ¿Cómo puedes respetar el tiempo y espacio que Valentina necesita cuando está enojada?

Zona para padres, abuelos o cuidadores

1. ¿Cómo era tu relación con tus hermanos cuando eras niño?

2. Reflexiona sobre cómo te llevabas con tus hermanos. ¿Tenían peleas o desacuerdos? ¿Cómo las resolvían?

3. ¿Qué pensamientos, sentimientos y emociones tienes sobre la relación entre tus hijos?

4. ¿Qué esperas para su relación en el futuro?

5. ¿Qué sientes cuando tus hijos se pelean?

6. Explora tus reacciones emocionales cuando tus hijos discuten o pelean. ¿Te sientes frustrado, triste o preocupado? ¿Qué pensamientos pasan por tu mente en esos momentos?

7. ¿Cómo manejas los conflictos entre tus hijos? Reflexiona sobre cómo intervienes cuando tus hijos se pelean. ¿Tratas de mediar, dejas que resuelvan sus diferencias por sí mismos?

Piensa en los valores que consideras importantes para una buena relación entre hermanos, como el respeto, la empatía, y el amor.

8. ¿Cómo intentas inculcar estos valores en ellos?

9. ¿Qué estrategias utilizas para ayudar a tus hijos a manejar sus emociones y expresarse de manera positiva?

10. ¿Cómo crees que tu comportamiento como padre/madre influye en la relación entre tus hijos?

Considera cómo tu propio comportamiento y la manera en que te comunicas con tus hijos podrían estar afectando la dinámica entre ellos.

11. ¿Hay algo que te gustaría cambiar o mejorar?

"Los hermanos son los amigos que nos regala la vida, un lazo que la naturaleza nos otorga para siempre."

La Metamorfosis de la Paternidad

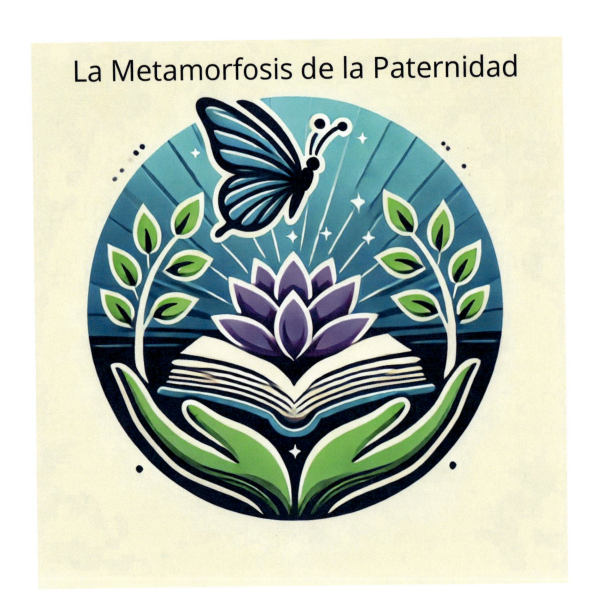

Made in the USA
Columbia, SC
29 November 2024

46974671R00018